(N° 241)

QUATRIÈME VENTE DE M. L. JOLY

HOTEL DROUOT

Vente des 8 Mai *(Salle 10)* et 9 Mai *(Salle 11)*

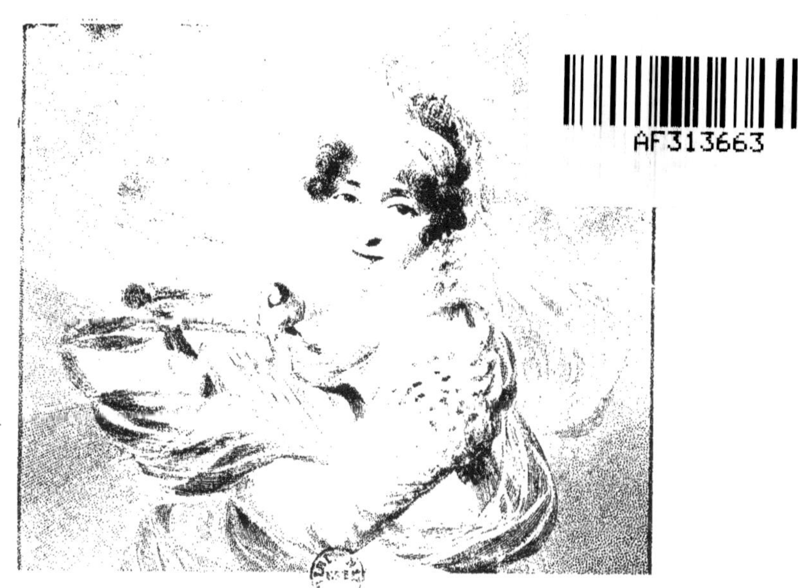

N° 187 du Catalogue.

ESTAMPES

ANCIENNES & MODERNES

M° ANDRÉ DESVOUGES   M LOYS DELTEIL

FRAZIER-SOYE

Graveur-Imprimeur

153-155-157, Rue Montmartre

PARIS

CATALOGUE

DES

ESTAMPES

ANCIENNES

&

MODERNES

FORMANT LA QUATRIÈME VENTE DE M. L. JOLY

Dont la vente aura lieu

à Paris, HOTEL DROUOT, Salles N° 10 et 11

Les Lundi 8 et Mardi 9 Mai 1911

à 2 heures précises

Par le Ministère de M* ANDRÉ DESVOUGES,

COMMISSAIRE-PRISEUR

26, Rue de la Grange-Batelière

Assisté de M. LOYS DELTEIL, Artiste-Graveur, Expert

2, Rue des Beaux-Arts

CONDITIONS DE LA VENTE

Elle sera faite au comptant.

Les adjudicataires paieront *dix pour cent* en sus des enchères.

M. Loys Delteil remplira les commissions que voudront bien lui confier les amateurs ne pouvant y assister.

MM. les amateurs pourront visiter la collection, **2, *rue des Beaux-Arts***, du Jeudi 4 au Samedi 6 Mai 1911, de 2 heures à 5 heures.

ORDRE DES VACATIONS

Lundi 8 Mai (Salle N° 10) . . . .   N°ˢ   1 à 200.
Mardi 9 Mai (Salle N° 11) . . . .   N°ˢ 201 à la fin.

DÉSIGNATION

ADAM (V.)

1. Sujets de chevaux de chasses, 19 pl. (plusieurs *avant la lettre*).

2. Haras arabe à St-Cloud, couverture et 6 pl. — Chevaux et voitures, 20 pl., soit ensemble 26 pièces.

ADRESSES, BILLETS, etc.

3. Maison Impériale Napoléon, billet de contentement, par Villerey, d'après Mme B. de Balzac. Très belle épreuve. Rare.

4. Adresses d'Aubert et de Delpech — Frontispices. Six pièces par C. et H. Vernet, Traviès, Raffet et Bellangé.

5. Au Roy de France — Au Grand Turc, Rue St-Honoré — Au Gourmand — Au Griffon d'Or — Delermoy et Jallot, etc., 6 pièces.

6. Adresses diverses, anciennes la plupart, 13 pièces.

7. Adresses anciennes et modernes, 28 pièces.

8. Assignats de 10 sols à 10.000 francs, carte de sureté, mandats territoriaux, bons de communes, etc., 102 pièces.

ALMANACHS

9. Indicateurs illustrés pour 1837-1838, 1842-1843, 1842, 1836, etc., 7 pl.

9 *bis*. Calendriers perpétuels. Sept pièces.

ALIX (P. M.)

10. Scène Hollandaise, d'après Lespinay. Belle épreuve, *avant la lettre, imp. en couleurs.*

AUBRY (Ch.)

11. Chasses anciennes, 1837, titre (découpé) et suite de 12 pl. en 1 alb. in-fol. cart.

AVRIL (J. J.)

12. Sacrifice à l'Amour. Belle épreuve, *avant toute lettre, signée.*

BALLONS (Est. relatives aux)

13. Pilatre de Rozier, par Chapuy — Charles, par Miger — Blanchard, 3 pl. Bonnes épreuves.

BARTOLOZZI (F.) — SMITH (J. R.)

14. Scènes de Werther. Deux pièces de forme ronde, se faisant pendants. Belles épreuves, *imprimées en couleurs*, petites marges. Encadrées.

BAUDOUIN (d'après P. A.)

15. Perrette, par H. Guttenberg. Bonne épreuve, sans marges.

BOILLY (d'après L.)

16. On la tire aujourd'hui, par Tresca. Très belle épreuve.

BOILLY (Jules)

17. *Iconographie de l'Institut Royal de France ou collection des Portraits des Membres composant les quatre Académies depuis 1814 jusqu'en 1825...* Titre et 85 pl. en 1 vol. in-4° cart. Belles épreuves.

BOIS ANCIENS

18. Marques de libraires du xvi° siècle (Froben, P. Gaudoul, de Harsy, etc.) Belles épreuves.

19. Frontispices du xvi° siècle, 10 pl. par U. Graff, J. Amman, Holbein, etc. Belles épreuves.

20. Frontispices (par G. Tory, U. Graff, etc.), d'ouvrages publiés à Paris, 10 pl.

21. Frontispices de livres publiés à Lyon, 12 pl. du xvi° siècle. Belles épreuves.

22. Frontispices du xvi° siècle, 21 pl., la plupart par Ursus Graff. Belles épreuves.

23. Sujets religieux, 8 pl., tirage postérieur.

BOISSIEU (J. J. de)

24. Portraits, sujets et paysages, 21 planches.

BONNET (L. M.)

25. Buste de jeune Femme, d'après Le Clerc, 1774. Très belle épreuve, *imp. en couleurs, avec le cadre imp. en or* (petite cassure).

BOSSE (Abr.)

26. Sujets divers, 11 pl.. par et d'après Abr. Bosse.

BOUCHER (d'après F.)

27. Frontispice de l'*Œuvre du Chevalier Nicolas Dorigny*, par Legrand (Relang). Très belle épreuve. Rare.

28. .Le Berger récompensé. — Le Panier mystérieux.
Deux pièces par Gaillard, se faisant pendants.
Bonnes épreuves. Encadrées.

29. Colombier — Le Midy — Les Amours folâtres —
Le Berger récompensé, 4 pl. par Chedel, Petit,
Aveline et Gaillard. Bonnes épreuves.

30. Pescheurs — Le Retour de chasse — Fête à Bac-
chus — La Balançoire. Quatre pl. par Huquier.
Bonnes épreuves.

31. Frontispice (Livre des Arts) — Sujets d'Amours.
5 pl. par La Rue.

32. Sujets Religieux pour un Missel — Cartouches,
10 pl., par Le Bas, Huquier, Choffard.

CALLOT (J.)

33. Les deux grandes Vues de Paris. Deux pièces.
Bonnes épreuves (trous de vers à 1 pl.).

34. Sujets religieux, scènes de genre, batailles, etc,
17 pl. (originaux et copies).

35. Grandes Misères de la Guerre, 18 pl. — La petite
Passion, 12 pl. Ensemble 30 pièces (plusieurs
manquent de conservation).

36. Balli di Sfessania — Caprices — Fantaisies, etc.,
71 pl.

37. Sujets divers, 78 pl. (originaux et copies).

CARICATURES

38. Le Bon Genre n° 91 — Le Suprême Bon Ton,
n° 22 — La Pudeur allarmée. Quatre pièces *coloriées.*

39. Caricatures anglaises et diverses — Pl. extraites
de *la Caricature* — Album Comique, etc. 109 pl.,
en partie *coloriées.*

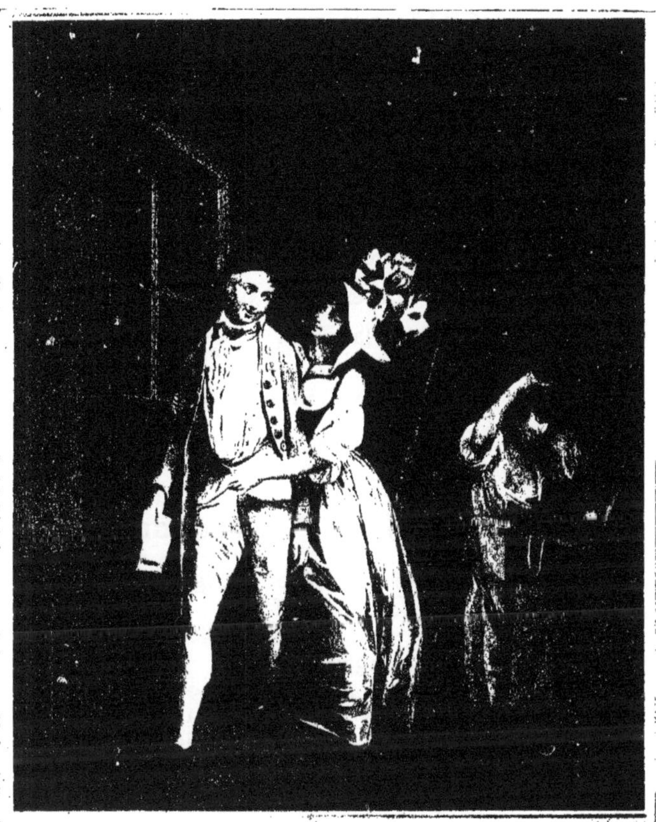

N° 16 du Catalogue.

CARMONTELLE (d'après **L. C. de**)

40. La Malheureuse Famille Calas, **2** pièces par Delafosse et un anonyme.

CERONI (**L.**)

41. Portraits, d'après les émaux de Petitot, 14 pl.

- CHALLE (d'après M. A.)

42. *The officious Waiting Woman*, par Chaponnier. Belle épreuve. Encadrée.

CHARLET (N. T.)

43. Garde Impériale, (157-186), 30 pl. — Armée de 1809, 7 pl. (sur 12), soit ensemble 37 pl. en 1 alb. in-4° cart. (quelques mouillures et piqûres).

44. Sujets divers, 71 pl. en 1 alb. in-4° obl. cart.

45. Sujets divers, 160 planches.

CHARPENTIER (d'après)

46. L'Emplette inutile, par N. De Launay. Belle et rare épreuve à *l'état d'eau forte*.

CHOFFARD (P. P.) — LEROUGE

47. Bordeaux : Porte et Place Bourgogne — Grand Théâtre. Deux pièces in-folio.

COSTUMES

48. 2° Suite, Costumes Militaires. Infanterie Prussienne, frontispice et suite (complète?) de 24 pl., publiées par Genty, 1815. Belles épreuves, *coloriées*.

49. Costumes Militaires (Marbot), 50 planches *coloriées* (sauf deux).

50. Costumes divers, 27 pièces.

DEBUCOURT (P. L.)

51. Réception du Décret du 18 Floréal, par A. Legrand. Belle épreuve.

52. La Mariée, d'après Duval Le Camus (517). Epreuve d'un 3° état, *non décrit*.

DEJABIN (Collection)

53. Portraits des Députés à l'Assemblée Nationale de 1789, 92 pl. Belles épreuves.

DELAULNE (Etienne)

54. Figures de la Genèse, 60 pl. y compris plusieurs doubles. Belles épreuves.

DELAULNE

55-56. Vertus — Sciences — Figures diverses, 24 pl. Belles épreuves.

DEMARTEAU (G.) — LE GRAND (P. F.)

57. Allégorie relative au mariage du Dauphin, d'après Guérin — Les Amours d'Eté, d'après Le Roy. Deux pièces *tirées en sanguine*.

DEROY

58. *Les Rives de la Loire*, Paris, Motte, 1836 — 50 pl. en 1 alb. petit in-fol. obl. cart.

DESCOURTIS (C. M.)

59. Chapelle de Guillaume Tell — Ville de Thun. Trois pièces, *imp. en couleurs*, une *avant la lettre*.

DIVERS

60. Les Vœux accomplis (Cte d'Artois) — Fondation de la Liberté Suisse, etc., 10 pl. par Simonet, Schwab. A. Bosse, etc.

61. La Promenade (Comte de Paris), par L. Noel — Château d'Eu, 10 pl.

62. Sujets divers et Vues, 10 pl., anciennes.

63. Victoires et Conquêtes, 14 lith. — Vignettes pour
un roman de P. Féval, etc., 19 pl. — Têtes de
caractère, d'apr. Greuze, 19 pl., soit ensemble
42 pièces.

64. Les Espiègles, reproduction de la pl. de Descour-
tis, d'apr. Schall — La Noce de Village, d'apr.
Taunay, ensemble 30 épreuves en noir.

65. Le Lever, reprod. de la pl. de Regnault, 10 épr.
imp. en couleurs.

66. Les Métamorphoses du Jour, 47 pl., par Grandville
— Programmes, Menus, etc., 33 pl. Ensemble
80 pièces.

67. Aventure tragique arrivée au bastringue du Port-
au-bled — Plans anciens, 30 pl.

DROUAIS (d'apr. F.-H.)

68. Mlle Pelissier, par Daullé. Belle épreuve *avec la
1re adresse.*

DUPLESSI-BERTAUX (J.)

69. Scènes de la Révolution, 53 petites pl. Belles
épreuves.

DURET (J.-P.)

70. *Vue et perspective de la ville de Marseille et ses
Environs*, en 5 feuilles, gr. in-fol.

DYCK (Ant. van)

71. Breugel (J.) (D. 1). Belle épreuve.

72. Portraits divers, par Pontius, Vorsterman, et
autres, 26 pl.

ECOLES ANCIENNES

73. Sujets divers, 20 pl., par Lucas de Leyde, Marc de
Ravenne, C. Cort, etc.

74. Sujets divers et ornements, 25 pl., par Aldegraver,
Delaulne, et autres.

75. Sujets divers, 29 pl.

76. Sujets divers, 31 pl., par ou d'apr. Ostade, Dusart,
Norblin, Mulinari, etc.

77. Sujets divers et costumes, 69 pl., par Bosse, Le
Clerc, Tempesta, etc.

ECOLES FLAMANDE et HOLLANDAISE

78. Sujets divers et Paysages, 12 pl., d'apr. Rubens,
Téniers, G. Dow, etc.

79. Sujets divers et Paysages, 15 pl., d'apr. Van Dyck,
Téniers, Berghem, A. Both, etc.

ECOLES FRANÇAISE ET ANGLAISE (xviiiᵉ siècle)

80. Sujet gracieux. Belle épreuve, *avant toute lettre*. Encadrée.

81. *Rubens's Family*, par Tassaert, d'apr. Rubens.
Bonne épreuve.

82. Roxalana, par Cheesman — Cleopatra, par Sher-
vin — Zilia, par Tomkins. Trois pièces. Bonnes
épreuves.

83. IIᵉ Vue des Environs de Rouen, par Demarteau —
Le Marché d'Esclaves, par Ramberg — La Phar-
macie, par La Joue — Tête de Femme (m-noire),
avᵗ t. l. — Un Temple, par Piranesi. Cinq pièces.

84. Horace — Virgile — Achille et Briséis — The
Vestall, etc., 6 pl., par Bartolozzi et Tomkins,
d'apr. A. Kauffman, J. Reynolds et Cipriani.
Bonnes épreuves.

85. Sujets divers et Paysages, 7 pl., d'apr. Lancret,
Greuze, Fragonard et Cl. Lorrain.

86. La Maman — L'Automne — La Vieillesse, etc.,
8 pl., d'apr. Greuze, Lancret, Boucher, Jeaurat,
et autres.

87. Sujets divers et Portraits, 10 pl., d'apr. A. Kauffman, Cosway, etc., plusieurs imp. en sanguine
ou en couleurs (une reproduction).

88. Les Grâces enchaînées — L'Amour couronné —
Evelina — Cupido disarmato, etc., 10 pl., d'apr.
Huet, Bunbury et autres. Bonnes épreuves.

89. Le Coup de vent — La Voilà prise — Le petit Fri-
pon — Le Rendez-Vous, etc., 10 pl., d'apr. Le
Bel, Lancret, Watteau, et autres (2 de tirage postérieur).

90. Sujets divers, 10 pl. d'apr. West, de Sève,
Cosway, etc. (3 *imp. en couleurs* ou *coloriées*).

91. Le Chasseur — Ah quel plaisir — Le Mari jaloux —
Silence, etc., 10 pl., d'apr. Binet, Sicardi, et
autres, plusieurs en belles épreuves.

92. Sujets divers et Paysages, 10 pl., d'apr. Vanloo,
Watteau, Boucher, etc.

93. Bethsabée — Baigneuse — Vue de Charen-
ton, etc., 10 pl. d'apr. De Troy, Boucher,
Moreau, Fragonard, et autres (plusieurs en
tirage postérieur).

94. Reconnaissance de Formose — A Femme avare...
— Salmacis et Hermaphrodite, etc., 10 pl., d'apr.
Aubry, Lancret, Boucher, etc.

95. Le Négociant — Le Réveil du Carlin — Vénus et
Adonis — La Jument du Compère Pierre, etc.,
10 pl., d'apr. Descamps, Greuze, Caresme, Cazes,
et autres.

96. Garrick (l'Homme entre le Vice et la Vertu) —
Louis XV — Eugène de Beauharnais — Mme de
Staël — Chamilly — la Reine Hortense, etc.,
12 pl., par R. Nanteuil, Haïd, Wille, Piloty, etc.

97. Sujets divers, 12 pl., d'apr. Boucher, A. Kauffman,
Restout, etc. Bonnes épreuves.

98. Le Bonheur du Ménage — Le Petit Prédicateur — Ragotin — Miranda — Lodovica Hammond, etc., 12 pl., d'apr. Le Prince, Fragonard, Pater, Kauffman, et autres (plusieurs de tirage postérieur).

99. Le Billet doux — Les Regrets mérités — Les Beignets — The Gipsies, etc., 12 pl., d'apr. Lavreince, Fragonard, Gainsborough, Prudhon, etc. (plusieurs en tirage postérieur).

100. Actéon — L'Amour paternel — La Gimblette, etc., 12 pl., d'apr. Aubry, Fragonard, Cipriani. etc.' plusieurs en belles épreuves.

101. Sujets divers et Paysages, 14 pl., d'apr. Watteau, Coypel, Greuze, Leclerc, etc.

102. Scènes anglaises, par Pugin et Rowlandson — Sanguines, par Demarteau — Sujets divers, 16 pl.

EX LIBRIS

103. Fuligny - Damas, par Roy. In-4. Très belle épreuve.

104. Vintimille (Mme de) — de Fleurieu — C.-L. Jacquemain, 3 pièces.

105. Sirejan fils, par *Collin* — Jacquemin, par *François* — de Seichamps, par *Nicole* — Valori, d'apr. *F. Boucher*. Quatre pièces.

106. De Buissy, par *Choffard* — Du Bu de Longchamps, par *Ollivault* — Anonyme, par *Roy* — D'Escars. Quatre pièces.

107. Lavoisier, par *de la Gardette* — de Rambuteau — Mengin, par *Collin* — Delaleu, par F. Montulay, Fulchiron. Cinq pièces.

108. Villemur (de) — de Bièvre — de Changy — J.-B. d'Anthoine — H.-D. Cottin, etc. Huit pièces.

109. Vichet — Vassal — Lardet — Jordan — Gougenot, etc. Huit pièces.

110. Chevalié (A.) — Taverne (N.) — Michon (L.) — de
Piossasque, etc. Huit pièces.

111. Delaloge Dubassin — Droz — Bretin — St Pol,
etc. Neuf pièces.

112. Margue — Mathieu — Beraud — Langlois — de
La Bastie, etc. Neuf pièces.

113. Faventine de Fontenille — de St Maurice — L. Aubret — Fyot, etc. Neuf pièces.

114. Deglatigny — Lalive d'Epinay — de Manscourt —
Convers, etc. Huit pièces.

115. Jaume (F.-T.) — de Tillieres — M^{ise} de Pons —
Bordier — de Billy — d'Argenson, etc., 10 pl.

116. F. Roch — Aubret — Lelarge d'Eaubonne — de
Bourgongne — Petipas — Desligneris — Vacher,
etc., 9 pl.

117. Petit de Marivats — de Brienne, par *Varin* — Dela-
michodière — Lalaure — Delisle, etc., 9 pl.

118. Andrault, par *Delarbre* — Laus de Boissy — de
Fages, par *Peguet* — de Catellan — Daymar, etc.,
9 pl.

119. Manuel, par *Dunker* — E. Martin, par *Stallin fils*
— Murat — Ponsainpierre — de Pontevès Gien
— de Champcenetz, etc., 10 pl.

120. Thierry de Villedavray — J.-D. Philippe — Abbaye
de Valloires — Gravelle de Fontaines, etc.,
10 pl.

121. F.-R. Secousse — de Vrigny — Pigou — Goislart
de Monsabeit — Hebert, etc., 10 pl.

122. Dallet, par Gouel — de Monclin — J.-B. Pinel —
Camus de Pontcarré, etc., 10 pl.

123. Froment de Champlagarde — Turgot (D.-B.) —
Chapuis — de Camelin — de Serans — Xaupi,
etc., 10 pl.

124. Clavière — Paule de Dompierre — Aubin —
D'Eurre — Roussel, etc., 10 pl.

125. Amé de St Didier, par Voysard — de Fourcy — Pasquier de Messange — Barthelemy — Geoffroy (J.), etc., 10 pl.

126. Girard (J.-A.) — Frizon de Blamont, par Le Roux — Morel Depeisses — de Villotran — Saunier du Lac, etc., 13 pl.

127. Le Comte de Laugeron — Turgot (D.-B.) — de Champflour — Henault — de Leymarie — de Rohan, 13 pl.

128. De Sartines — de Barbantanne — Marié de Toulle — Bullier — de Fréval, etc., 10 pl.

129. Lebourg — Robilliard — Salvert de Mont-Rognon — de Vienne, etc., 12 pièces.

130. Jaillot — Charbonnier — Fievet — Marin, etc., 10 pièces.

131. De Reuve — Claret de Latourette — Correard — Grumet, etc., 10 pièces.

132. Ollivier (A.) — de Billy — Patu — Cochet, etc., 10 pièces.

133. Lelong (C.-R.) — Petitpas — Descamps (J.-B.), par *Lemire* — Lalive d'Epinay, etc., 10 pièces.

134. Roche (F.), par *Durand* — Menage (F.-J.) — Bonnay (F.) — Vialart de Moligny — La Cropte de de Bourzac, etc., 11 pièces.

135. Chapais — Brosses (C. de), par *Aveline* — Aligny (Mis d'), etc., 11 pièces.

136. Dampierre — Lesueur — — Pihan de la Forest — Marié de Toulle — Ronsin (F.). — Badin de St Aubin, par *Chollet*, etc., 12 pl.

137. Asselineau — d'Ideville — Monselet, etc., 17 pièces.

138. Un album in-8 contenant 360 ex-libris (y compris plusieurs copies), la plupart anciens, parmi lesquels on remarque ceux de : Leymarie, St Simon, Fuligny-Damas, Laflize, La Rochefoucauld-Bayers, Manscourt, etc., etc.

FRAGONARD (d'apr. H.)

139. Vignettes pour les *Contes* de La Fontaine. Cinq pièces, *avant la lettre*.

FRAGONARD, LANCRET et WATTEAU (d'apr.)

140. Le Colin-Maillard — Conversation galante — La Villageoise — Les Fatigues de la guerre. Quatre pièces, par Beauvarlet, Le Bas, Aveline et Scotin. Bonnes épreuves.

FICQUET (Etienne)

141. Portraits divers, 24 pièces.

FRANCE (Vues de)

142. Picardie, 156 pl. anciennes et modernes.

143. Normandie, 191 pl. anciennes et modernes.

144. *209 Croquis, Dessins, etc., faits d'après nature en Bretagne de 1833 à 1858*, réunis en 1 alb. in-fol. obl. cart.

FREUDEBERG (d'apr. S.)

145. Le Coucher, par Duclos et Bosse, épr. manquant de conservation.

146. La Toilette, par Voyez. Epreuve sans marges (doublée).

FREUDEBERG — BOUCHER — SCHALL
Mlle GERARD, etc.

147. Le Modèle disposé — Le petit Pasteur — Le Négociant ambulant, etc. 5 pièces (deux *avant la lettre*).

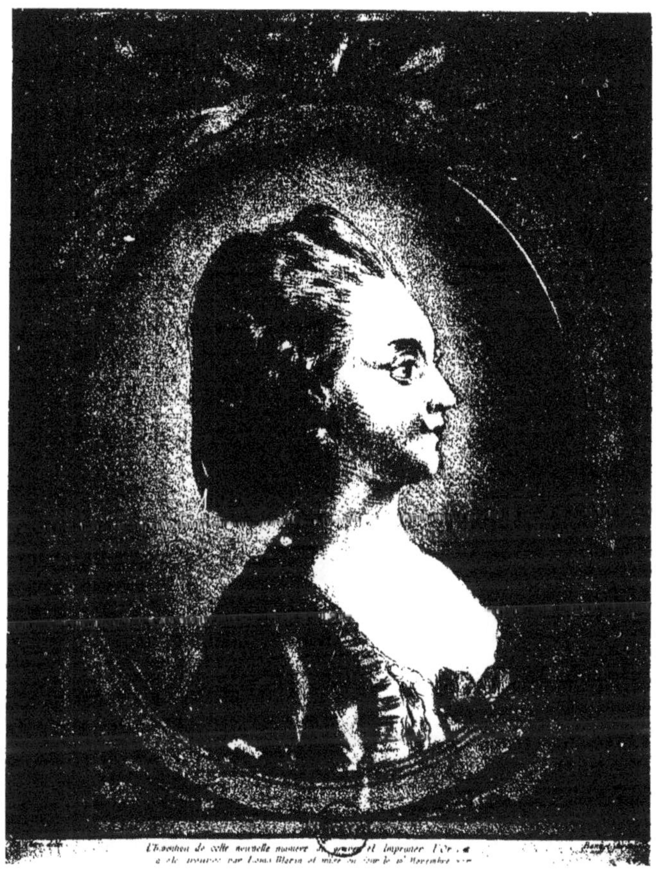

N° 25 du Catalogue.

FRONTISPICES

148. Frontispices des xvi° et xvii° siècles, 20 pièces.

149. Frontispices des xvi° et xvii° siècles, 20 pièces.

150. Frontispices du xviii° siècle, 21 pièces.

151. Frontispices des XVIIe et XVIIIe siècles, 22 pl.

152. Frontispices des XVIIe et XVIIIe siècles, 30 pl.

153. Frontispices des XVIIe et XVIIIe siècles, 28 pl.

154. Frontispices des XVIIe et XVIIIe siècles, 31 pl. de Lepautre, Moreau, Lallemand, etc.

155. Frontispices des XVIIe et XVIIIe sièles, 30 pl. in-fol.

156. Frontispices des XVIIe et XVIIIe siècles, 38 pl.

157. Frontispices des XVIIe et XVIIIe siècles, 38 pl.

158. Frontispices des XVIIe et XVIIIe siècles, 45 pl.

159. Frontispices des XVIe, XVIIe et XVIIIe siècles, 46 pl.

160. Frontispices du XVIIe siècle, 40 pl.

161. Frontispices du XVIIe siècle, 60 pl.

162. Frontispices du XVIIe siècle, 60 pl.

163. Frontispices du XVIIe siècle, 80 pl.

164. Frontispices des XVIe et XVIIe siècles, 70 pl. la plupart gravées sur bois.

165. Frontispices du XVIIe siècle, 90 pl.

166. Frontispices du XVIIe siècle, 80 pl.

GARNERAY

167. Vue de la Ville et du Port de Marseille, épr. *coloriée.*

GAULTIER (L.) — LEU (Th. de) — LASNE (M.), etc.

168. Portraits, 16 pièces, la plupart en belles épreuves.

GAVARNI

169. Sujets divers, 105 planches.

170. Sujets divers, 102 planches.

171. Un album contenant un grand nombre de pl. par et d'après Gavarni.

GAVARNI — TRAVIES — BOUCHOT, etc.

172. Sujets divers, 40 pl.

GÉRARD (d'apr. F.)

173. Bataille d'Austerlitz, 4 épreuves, gr. in-fol.

GRATELOUP (J. B. de)

174. Descartes (René) (F. 3). Très belle et rare épreuve du 2ᵉ état, *avant la lettre*.

175. Montesquieu (7). Très belle et rare épreuve du 1ᵉʳ état.

176. La même estampe. Belle épreuve du même état.

177. Polignac (Cardinal de) (8). Très belle et très rare épreuve du 1ᵉʳ état.

178. Rousseau (J. B.) (9). Très belle épreuve. On y a joint un autre portrait avˡ t. l. par (?). Deux pièces.

GREUZE (d'apr. J. B)

179. L'Aveugle trompé — Le Testament déchiré — Le Fils puni, 3 pl. par Cars, Le Vasseur et Gaillard.

HERSENT (L.)

180. Contes de La Fontaine. Suite de 10 planches.

HOUEL (d'après)

181. Vues de Messine, suite de 6 pl. par J. Deny, épr. *tirées en bistre.* — Livres de Paysages, titre et 5 pl., soit 12 pièces.

HUET (d'apr. J. B.)

182. La Toilette en désordre, par Bonnet. Belle épreuve, *imp. en couleurs* (sans marges).

IMAGERIE

183. Imagerie religieuse ancienne, 29 pl. peintes ou découpées.

IMPRIMERIE

184. Portraits, imprimés, sujets divers, 50 pl. concernant l'imprimerie et le livre.

ISABEY (d'apr. J. B.)

185. Bonaparte à la Malmaison, par Lingée et Godefroy. Grand in-fol.

186. Marie-Louise. Belle épreuve, *avant toute lettre*.

187. La Reine Hortense tenant une lyre, par Monsaldy. Très belle épreuve *imp. en couleurs* (sans marges).

188. Salle d'exhibition de J. Isabey, à Londres, par Bennett. Très belle épreuve, *coloriée, avec dédicace d'Isabey*, 1820. Encadrée.

JANINET (J. F.)

189. Les Lutteurs sur les remparts de Berne, d'apr. M. Wocher. Belle et rare épreuve, à *l'ét it d'eau forte*.

JAZET (J. P. M.)

190. Le Départ du Marin. Belle épreuve, *imp. en couleurs* (sans marges).

KAUFFMAN (d'apr. Aug.)

191. Grisalda, par F. Bartolozzi, 1785. Très belle épreuve.

LALANNE (M.) — DESBROSSES (L.)

192. La Maison de V. Hugo, 12 pl. — Souvenirs artistiques du Siège de Paris, 12 pl. — Paris et ses avants-poste, 12 pl., soit ensemble 36 pièces.

LAUTERS

193. Les Rives de la Saône, 1833, carte et 26 pl. en
1 alb. in-4 obl. cart.

LECLERC — BLOEMAERT — FIRENS

194. Actions glorieuses de Ch. de Lorraine — Paysages
— Les Sens, etc., 46 pl. Belles épreuves.

LEU (Th. de) — GAULTIER (L.), etc.

195. Frontispices. Trente-quatre pièces.

LÉVILLY (J. P.)

196. Zélica indigné de la hardiesse du Faquir — L'In-
fortunée Malika délivrée par le P^{ce} Seyf. Deux
pièces, d'apr. Tresca, se faisant pendants. Belles
épreuves, *imp. en couleurs*.

LITHOGRAPHIES

197. Sujets divers, Portraits et Paysages, 46 pièces des
débuts de la lithographie (de 1810 environ à 1823),
par H. Vernet, Gros, P. N. Guérin, Denon, etc.

198. Recueil d'Essais lithographiques... exécutés par
le Procédé de G. Engelman, 1816, titre et 8 pl.
par Girodet, H. Vernet, etc. (mouillures).

199. *Ecole professionnelle des Dessinateurs Litho-
graphes*, Paris, s. d. — 1 vol. in-fol. cart. contenant
de nombreuses lith. exécutées par les élèves.

200. Lithographies extraites de l'*Artiste*, 100 planches.

201. Lithographies diverses, 100 planches.

202. Lithographies diverses, 200 planches.

203. Lithographies diverses, 300 planches.

MADOU (J. B.)

204. Scènes de genre, 24 pl, en 1 alb. in-4° obl. cart.

MARCUS (J. E.)

205. *Etudes Gravées de Jacob Ernst Marcus... à Amsterdam*, Amsterdam, S. de Greber, s. d. — 1 vol. in-fol. cart.

MARTINI (P. A.)

206. Exposition au Salon du Louvre en 1785. Belle épreuve. Encadrée.

MONCORNET (B.)

207. Portraits de personnages célèbres, 104 pièces. Ce n° pourra être divisé.

MONSIAU (d'après N.)

208. Clémence de Napoléon, par Clément. Belle épreuve.

MOREAU LE JEUNE, MARILLIER, EISEN, etc.

209. Le Jugement de Pâris — Les A-propos de Société — Le Célibataire — Le Bain de Diane, etc., 14 frontispices du XVIIIe siècle. Belles épreuves.

MORGHEN (Raphaël)

210. Moncade (Fr. de), d'après Ant. van Dyck. Belle épreuve. Encadrée.

MORLAND (d'après G.)

211. *The Peasant's repast*, par C. Josi. Belle épreuve.

NAPOLÉON Ier (Est. relatives à)

212. Mort de Napoléon, 3 épreuves — Derniers Adieux de Napoléon, 3 épreuves. Revue. Ensemble 7 pl. in-fol.

213. Les Adieux de Fontainebleau, 12 épreuves, gr. in-fol.

214. La veille de la Bataille d'Austerlitz, d'après F. Gérard, 4 épreuves, gr. in-fol.

215. Batailles et scènes relatives à Napoléon I*er*, 5 pl. (*2 coloriées*) — Joséphine, par Zimmermann, ensemble 6 pl.

NEUVILLE (Alph. de)

216. Costumes Militaires, 11 pl. sur chine.

NORTHCOTE et SINGLETON (d'après)

217. *The Destruction of the Bastille... — The Triumph of Liberty or the relassement from the Bastille.* Deux pièces par Nutter et Gillray. Belles épreuves.

ORNEMENTS

218. Berain (Jean), Arabesques, décorations, vases, etc., 60 planches. Seront vendues sous 3 n°*.

219. Bouchardon-Boucher. Frontispices de Vases, fantaisies, groupes d'enfants, 4 pl. Belles épreuves.

220. Boulanger, Boucher fils, Chedel, Frontispices de diverses suites d'ornements, 17 planches. Belles épreuves.

221. Boulanger, Cuvillies, de la Fosse, etc. Frontispices, 10 pl. Belles épreuves.

222. Caravage (Polydore de). Vases ornés, 21 pl.

223. Choffard (P. P.). Ecussons et cartels. 5 pl. (y compris un double). Belles épreuves.

224. Cauvet — Salembier — Toro. Arabesques, trophées, 9 pl.

225. Cock (H.). Panneaux décoratifs, 10 pl.

226. DUCERCEAU (J. A.). Arabesques, 8 planches. Belles
épreuves.

227. DUPLESSIS. Vases, 15 planches, la plupart en belles
épreuves.

228. DUPLESSIS FILS. Première suite de vases, suite de
6 planches.

229. HUET — MONNOYER — AUDRAN. Arabesques, fleurs,
ruines, etc., 30 pl.

230. JACQUES. Vases nouveaux, suite complète de 6 pl.
Belles épreuves.

231. LA COLLOMBE — ROUPERT, etc. Arabesques, orfé-
vrerie, arquebuserie, etc., 10 pièces.

232. LA FOSSE (J. C. de). Vasses, chenets, trophées, etc.
42 planches.

233. LA FOSSE (J. C. de). Trophées, 24 planches.

234. LA FOSSE (J. C. de). Trophées, 27 pl. (découpées).

235. LA JOUE, Cartouches, 13 planches (plusieurs *coloriées*).

236. LAVALLÉE-POUSSIN, VOISIN, BERTHELOT. Arabesques,
20 pl. gravées par Guyot.

237. LEPAUTRE (J.). Vases, 25 pl. Belles épreuves.

238. LEPAUTRE (J.). Ornements divers, 152 pl. Belles
épreuves.

239. MAROT-BABEL, etc. Ornements divers, 32 pièces.

240. MEISSONNIER (J. A.) — FORTY — GERMAIN. Ornements divers, 13 pl. (y compris 3 copies).

241. MONDON, BONNET, PILLEMENT. Titres du 3ᵉ Livre de
rocailles, des insectes d'Europe, vases, jeux d'enfants. Cinq pièces. Belles épreuves, une rare,
imp. en couleurs.

242. MORISON — MUSSARD, etc. Ornements divers, 13
pl., la plupart relatives à la bijouterie. Belles
épreuves.

243. PEYROTTE — PILLEMENT. Cartouches et fleurs, 16 pl.

244. PINEAU, JACQUES, TORO, etc. Titres de recueils d'ornements, 10 pl, de Pineau, Gillot, Jacques, Voisin fils, Toro, etc. Belles épreuves.

245. PINEAU. Nouveaux dessins de Pieds de Tables et
de vases et consoles... Suite complète de 7 pl.
Très rare.

246. PINEAU — SALEMBIER. Pieds de table — Frises, 10 pl.
(y compris 2 copies).

247. RANSON. 6° Suite de Trophées de Chasse, pl. 1 à 5
— Trophées divers, 4 pl. Ensemble 9 pl. Belles
épreuves.

248. RANSON. Trophées, vases, etc., 11 pl., la plupart
en belles épreuves.

249. SAINT-AUBIN, Bouquets champêtres, Livre 2ᵐᵉ, pl.
13 à 24 en cahier (manque la pl. 20), soit 11 pièces.

250. SALEMBIER. Cahier de Frises, suite complète de
6 pl. Belles épreuves.

251. SALEMBIER. Cahier (B) d'Arabesques, suite complète
de 6 pl. Belles épreuves.

252. STELLA (J.) — SCHUBART (P.) — Vases — Arcs-de-
Triomphe, 20 pl.

253. VICO (E.). Panneaux d'ornements, 16 pl. Belles
épreuves.

254. Arquebuserie — Serrurerie, 17 planches.

255. Titres de musique (fin du XVIIIᵉ et débuts du XIXᵉ),
26 pièces.

256. DIVERS. Titres et frontispices, 20 pl. d'apr. Bou-
chardon, Babel, Boucher, Piranesi, la plupart en
belles épreuves.

257. DIVERS. Ornements divers du XVIIIᵉ siècle, 68 pl.

258. DIVERS. Ornements divers, 92 pl. anciennes.

259. DIVERS. Vases, 17 pl. par A. Panier, Aubert père,
Birevent, etc.

260. DIVERS. Vases, 22 pl. par Boucher fils, Watelet‘
Avril l'aîné, etc.

261. DIVERS. Vases, 23 pl. par Saly, Baltard, etc.

262. DIVERS. Vases, 23 pl. par Jacques, Boucher fils,
Saly, etc.

263. DIVERS. Ornements divers, meubles, etc. XVIII*
siècle et I*ʳ Empire, 46 pl.

264. DIVERS. Frises, cartouches, vases, etc., 38 pl.
anciennes.

265. Arquebuserie (motifs d'), 12 pl. (XVII* siècle).
Bonnes épreuves.

OUDRY (d'apr. J. B.)

266. Fables de la Fontaine, frontispice et 17 pl. (5 *avant
la lettre*). — Titres des *Livres d'animaux* et du
Recueil de divers animaux de chasse. — Animaux
divers. Ensemble 24 pl., la plupart en belles
épreuves.

OZANNE (d'apr. N.)

267. Ports de France, frontispice et 14 pl. (mouillures).

PARIS et de FRANCE (Vues de)

268. Place Louis XV, par Poisson. Belle épreuve.

269. Palais-Royal, 2 vues différentes, par W. Daniell,
1827. Belles épreuves, *imp. en couleurs* avec
rehauts. Sans marges.

270. Vue de la Cour du Louvre... l'an IX, par Baltard
— Ste Geneviève (le Panthéon), par Poulleau —
Amphithéâtre anatomique, par Simonneau et
Perelle — *View of Paris from the South Boule-
vard*, 1803. Quatre pièces in-fol.

271. Vues de Paris, 8 pl. in-fol. par Aveline, Parr,
Schwartz, Giboy (2 *coloriées*).

272. Vues de Paris et des environs, 11 pl. par divers.

273. Vues, 15 pl. in-fol. par Duperon, Berthault, Rigaud.

274. Le Louvre, par Baltard, 26 pl. Belles épreuves.

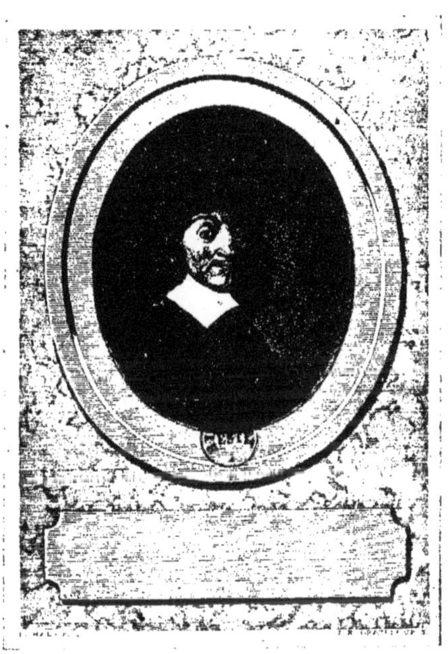

N° 174 du Catalogue.

275. Vues diverses, 27 pièces.

276. Vues diverses, 57 pl. (y compris 23 vues d'optique).

277. Plans anciens et modernes.

278. Vues de Paris, environ 280 pl. en 1 alb. in-fol.

279. Vues de Paris, 85 pièces.

280. Vues de Paris, 130 pièces.

281. Vue du Château de Vincennes, près Paris, par Elise Saugrain, d'apr. Moreau l'aîné. Belle épreuve. Encadrée.

282. Environs de Paris, 75 pl. anc. et mod.

283. Environs de Paris (Chantilly, Sceaux, Vincennes), etc., 83 pl. anc. et mod.

284. Environs de Paris, 90 pièces.

285. Environs de Paris, 100 pl., la plupart anciennes.

286. Environs de Paris, 100 pl., la plupart anciennes.

287. St-Denis, St-Cloud, Versailles, 134 pl. anc. et mod.

288. Alsace et Lorraine, 155 pl. anc. et mod.

289. Bretagne, 124 pl. anciennes et modernes.

290. Champagne, 160 pl. anc. et mod.

291. Guyenne, Gascogne, Béarn, 120 pl. anc. et mod.

292. Lyonnais et Dauphiné, 135 pl. anc. et mod.

293. Orléanais et Touraine, 107 pl. anc. et mod.

294. Provence, 105 pl. anciennes et modernes

295. Languedoc, 110 pl. anc. et mod.

296. Bourgogne et Franche-Comté, 116 pl. anc. et mod.

297. Artois, Auvergne, Berry, etc. 157 pl. anc. et mod.

298. Maine, Anjou, Poitou, etc., 110 pl.

299. Vues de France, 100 pl.

PARISET (Louise)

300. Moulines, le Mouchoir, d'apr. A. Kauffman. Belle épreuve, *tirée en sanguine*.

PASSE (Crispin de)

301. L'Instruction de Louis XIII dans l'art de monter à cheval, 41 pl. (plusieurs manquent de conservation).

PATAS

302. Sacre et Couronnement de Louis XVI, titre et 41 pl. (rognées).

PATER (d'apr. J. B.)

303. Le Cocu battu et content — Ragotin déclame des vers. Deux pièces.

PERELLE (Adam)

303 *bis*. Vues de Paris et des Environs. Recueil de 116 pièces (y compris 7 pl. sur Rome). Très belles épreuves — 1 alb. in-fol. obl., rel. veau, fil.

PILLEMENT (d'apr. J.-B.)

304. Les Plaisirs des Saisons, suite de 4 pl. par Canot. Bonnes épreuves.

PORTRAITS

305. (Marie-Louise ?), par M. Bisi — Joséphine, Reine de Suède, par N. Muxel — P^{sse} de Hohenzollern, par N. Muxel. Trois pièces.

306. Jouvenet (J.) — Joly de Fleury — Fleury (C^{al} de) — Vincent (J.). Quatre pl. par Trouvain, Gaillard, Chéreau et Poilly. Belles épreuves.

307. Beringhen — Collin de Vermont — Louis XVI — Hélène Lambert, etc., 8 pl. par Drevet, Audran, Henriquez, etc.

308. Buffon — Tocqué — Condé — Boudan — Joliot de Fleury — Colbert — Pardaillan de Gondrin, etc., 10 pl. par R. Nanteuil, Poilly, Sarrabat, Cathelin, etc. (plusieurs en belles épreuves).

309. Joly de Fleury — Le Bloy (F.) — Herschel — L^{se} de Tassis — Colbert (J. N.) — Alexandre Ier — Largillière (N. de), etc. 11 pl. par Gaillard, De Launay, Edelinck, Nanteuil, Drevet, etc., plusieurs en belles épreuves.

310. Gilbert (R. P. G.) — Secousse (F. R.) — Geoffroy (M. F.) — Joly de Fleury — Tocqué (L.) — Delamet, etc., 14 pl. par Drevet, Chéreau, Lépicié et autres (plusieurs manquent de conservation).

311. Lorme (F. de) — Martin de Charmois — Chauvelin — P^{ce} Eugène — Bignon (J.), etc., 18 pl. (manquent de conservation).

312. Furettière — Poniatowski — F. Boucher — J. A. de Mesmes, etc., 20 pl. par Edelinck, Chéreau, L. Bosse, Nanteuil, etc.

313. Portraits divers du XVIII° siècle, 28 pl. par Choffard, Le Beau, Lasinio, etc.

314. Portraits des XVII° et XVIII° siècles, 28 pl., par Pitau, Huret, Halbou, Cathelin, etc., en partie en belles épreuves.

315. Portraits des XVII° et XVIII° siècles, 30 pl. par G. Edelinck, Rousselet, Cars, Miger, etc.

316. Portraits divers, 34 pl., par Cochin, St-Aubin, Tardieu, etc.

317. Famille Impériale — Portraits de Femme — Personnages hollandais, etc., 37 planches.

318. Portraits des XVII° et XVIII° siècles, 50 pl.

319. Personnages célèbres du XVIII° siècle, 55 pl., par divers artistes.

320. Portraits divers, 100 pl. des suites de Desrochers et Odieuvre notamment.

321. Portraits anciens, 100 pl. par Moncornet et autres.

322. Portraits anciens, 100 pl. des XVII° et XVIII° siècles.

323. Portraits des suites de Desrochers, Odieuvre, etc., 100 pl.

324. Institut Royal, 76 pl. par J. Boilly — La Fontaine, Corneille, Voltaire, etc., 100 pl. soit ensemble 176 pl.

325. Portraits divers anc. et mod. plusieurs *avant la lettre*, 223 pl.

326. Portraits modernes, 300 pl.

PIÈCES HISTORIQUES

327. Trophées des Armées Françaises — Campagne d'Espagne en 1823, 100 pl., par Couché fils et Bovinet. — Sacre de Charles X. Soit 101 pièces.

PRUDHON (d'après P. P.)

328. La Raison parle... — La Vertu aux prises avec le Vice. Deux pièces par B. Roger (78-79). Très belles épreuves.

329. *Description de la Toilette... et du Berceau offert à S. M. le Roi de Rome...* Paris, 1811, couverture, texte et 5 pl. Belles épreuves.

RAPHAËL

330. Les Heures, 12 pl. par Fossoyeux, Mariage, etc.

RECUEILS

331. Romances Mises en Musique par S. M. L. R. H. (Sa Majesté la Reine Hortense), titre gravé et 10 planches (sur 11?), avec musique et paroles en un alb. petit in-4° relié au chiffre de la Reine Hortense. Exemplaire portant la dédicace suivante : *Ce recueil m'a été donné par S. M^té la bonne Reine Hortense. J'en ai fait présent à ma fille Henriette au château de Versailles, 1er juin 1853. J. B. Isabey.*

332. *I Cinquantadue quadretti... vecchio Testamento dipinti de Raffaele Sanzio...* (Les Loges du Vatican), par S. Bianchi — Rome, 1787 — 1 vol. petit in-fol. obl. cart.

333. *Dresde avec ses édifices et plus beaux environs.* Dresdes, s. d., texte et 22 pl. (sur 24 ?) en un alb. in-4° obl.

334. Musée de l'Amateur, 59 pl. en 1 alb. in-fol. obl.
cart.

335. Sujets divers et Paysages, 75 pl. par Eug. Dela-
croix, Ch. Jacque, Marvy et autres, en 1 vol in-4°
cart.

REMBRANDT

336. Sujets religieux et divers, 9 pièces (originaux et
copies).

RÉVOLUTION

337. Louis XVI, roi d'un peuple libre, par de Longueil,
avant la lettre.
338. Constitution Française, par Copia, d'après Prudhon — Louis XVII en prison — Scènes diverses,
6 pièces.

339. Scènes historiques, Allégories, Caricatures, 9 pl.
in-fol. (*2 coloriées*).

340. Caricatures hollandaises, 16 pièces tirées en bistre
ou sanguine.

341. Caricatures, allégories, scènes diverses, 12 pièces.

342. Adieux de Louis XVI à sa famille — Allégories
diverses, 8 pl. par Duplessi-Berteaux, Darcis,
Voysard, etc.

343. Portraits, Allégories, caricatures relatives à Louis
XVI et à la Révolution, 11 pl. par A. de St-Au-
bin, Beauvarlet, etc.

344. Le Pelletier de St-Fargeau — La Raison — J. P. Ma-
rat — Fraternité — La France Républicaine, etc.,
8 pl. publiées par Chéreau. Belles épreuves,
imp. en 2 tons, et rehaussées.

SAINT-AUBIN (d'après A. de)

345. Le Bal paré — Le Concert. Deux pièces. *Repro-
ductions.*

SAVART (P.) — FICQUET (Et.)

346. Portraits, 10 pièces.

SCHAAL

347. Tapisseries de Reims, suite de 10 pièces *coloriées*.

SICARDI (d'après)

348. Pierrot qui se brûle, par Mécou, épr. *avant la lettre*.

STOTHARD (d'après)

349. *The Ballad Seller — The Bellar Singers*. Deux pièces par A. Zecchin, se faisant pendants. Belles épreuves.

350. *The Landlord's Family*, par C. Knight, 1792. Belle épreuve (doublée).

SOULANGE-TESSIER

351. Malakoff, d'après Yvon, 7 épreuves.

STRANGE (R.)

352. Charles Ier — Henriette-Marie de France. Deux pièces, d'après A. van Dyck, se faisant pendants. Belles épreuves. Encadrées.

SUISSE

353. *La Suisse pittoresque. Publiée par Cramer et Luthi à Zurich*, s. d. 32 pl. en 1 alb. in-4° obl. cart.

TURNER (C.)

354. Mademoiselle Parisot, d'après Masquerier, 1799. Belle épreuv e, *coloriée*.

VERNET — HERSENT

355. Fables et Contes de La Fontaine, 29 pièces.

VERNET (d'apr. J.)

356. Marines, 10 pl., par Aliamet, Gaillard, Duret,
Basan, etc. Bonnes épreuves, une *avant la lettre*.

VIGNETTES

357. Vignettes par Rousseau, B. de St Pierre (Paul et
Virginie), Fenelon (Télémaque), 39 pl. (plusieurs
avant la lettre), d'apr. Monsiau, Prudhon, Mon-
net.

VUES

358. Vues de l'Ile Barbe, à Lyon, 2 pl., gr. in-fol. rem-
margées.

359. Palais des juridictions à Caen, par Varin — Maison d'Ecouen,. par Lebe Gigun — Moscou, par
Debucourt, etc., 5 pl. (une *avant la lettre*).

360. Vue de Leissiguen — Munich, 3 pl. *coloriées*.

361. Fontainebleau, 32 pl.

362. Vues et plans, 55 pl., relatives à Paris, Bordeaux,
Orléans etc.

363. Afrique (Algérie, etc.), environ 150 pl.

WATTEAU (d'apr. A.)

364. Louis XIV mettant le cordon bleu au duc de Bourgogne, par N. de Larmessin, 2 épreuves sans marges, l'une à *l'état d'eau-forte*.

365. L'Air — Les Oiseleurs. Deux pièces, par Huquier.
Belles épreuves.

366. Paravents : Musicienne (311) — Deux Amants (314).
Deux pièces, par Crépy fils. Belles épreuves.

367. Figures diverses et paysages, 24 pl., par Boucher,
Caylus, Jeaurat, etc. (quelques-unes manquent de
conservation).

368. Livres de différents caractères de têtes, titre et
11 pl., par Fillœul. Belles épreuves.

369. Figures diverses, 9 pl., par Boucher, François,
Audran, Caylus. Belles épreuves.

WEIROTTER (F.-E.)

370. St Maur, Meulan, Vernonnet, etc. — Les Saisons,
d'apr. Van Goyen — Paysages divers, 30 pl. Belles
épreuves.

WEISS (J.-M.)

371. Fêtes données à Strasbourg, en l'honneur de
Louis XV, 7 pl., gr. in-fol., par le Bas et Marvye.

WESTALL (d'apr. R.)

372. Scènes de la Guerre d'Espagne, 1819. 11 pl., par
Fielding et Heath, *imp. en couleurs* avec *rehauts*.

WHEATLEY (d'apr. F.)

373. Lindor et Clara, par Bonnefoy. Bonne épreuve,
imp. en couleurs.

WILLE — WEIROTTER — WOUWERMANS

374. Sapeur des Gardes Suisses — Tante de G. Dow
— Chute d'Eau — Chasse à l'oiseau — Départ
pour la Chasse — Le Vin de l'Etrier. Six pièces.

375. Sous ce numéro il sera vendu un certain nombre
de gravures anciennes et modernes.

FRAZIER-SOYE

GRAVEUR-IMPRIMEUR

153-157, RUE MONTMARTRE

PARIS